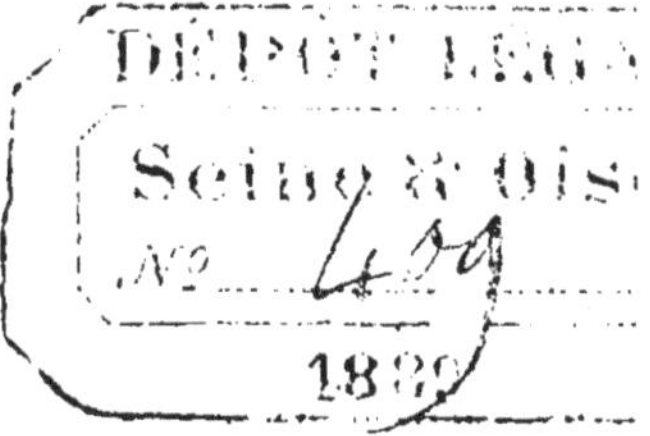

A

M. Gaston BOISSIER

11 Février 1889.

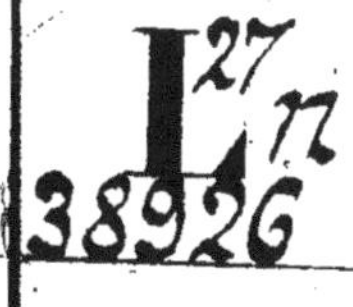

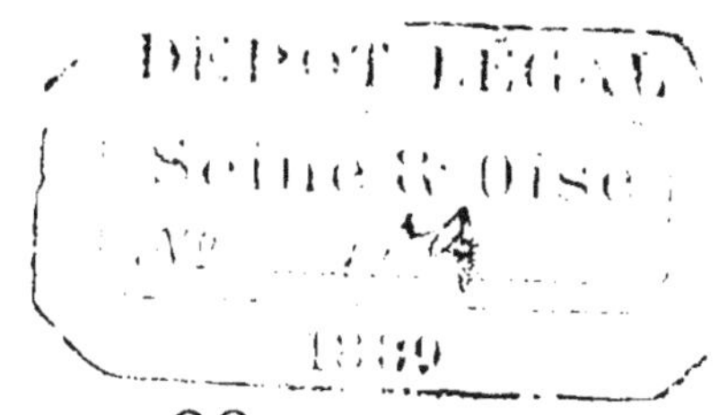

Banquet du 11 Février 1889

OFFERT

Par *l'Association des Anciens Élèves de l'École Normale Supérieure*

A SON PRÉSIDENT

M. Gaston BOISSIER

Pour fêter son élévation au grade de *Commandeur de la Légion d'honneur*

TOASTS

PORTÉS

à M. BOISSIER

Toast de M. Georges Perrot

Cher confrère, cher collègue, je pourrais même dire cher maître, car moi aussi, comme la plupart de ceux qui vous entourent, j'ai été un peu votre élève, — vous vous souvenez de ce cours que vous avez fait dans cette année héroïque de la fondation de l'Ecole des Hautes-Etudes dont, ici même, on nous entretenait l'autre jour avec tant de charme, — j'estime, et, quoique vous ne soyez qu'un petit fumeur, vous êtes sans doute de mon avis, qu'un bon cigare vaut mieux, après dîner, qu'un discours à entendre, fût-il le meilleur du monde, et surtout qu'un discours à faire; mais nous ne pouvions pourtant pas vous demander de nous sacrifier une de vos soirées, une de ces soirées qu'on se dispute, sans que quelqu'un vînt vous dire, au nom de tous, pourquoi nous avions tenu à nous réunir autour de vous, jeunes et vieux, et à vous donner cette marque de respect et de sincère affection. Plus d'un, parmi ceux de vos aînés, de vos maîtres et de vos camarades d'École qui ont bien voulu se joindre à nous, aurait pu paraître plus naturellement désigné que moi pour être ici l'interprète des sentiments de tous; mais on a pensé que ma situation de directeur de cette École à laquelle vous faites tant d'honneur m'appelait à remplir cette fonction, et je ne pouvais me refuser à un devoir qui était un plaisir. Personne n'a plus applaudi que moi à la haute distinction qui vous a été récemment conférée et n'est plus profondément convaincu que l'administrateur éminent qui a proposé cette nomination et le ministre qui l'a soumise au Président de la République ont pris une de ces décisions qui, par une rare fortune, ont le privilège de ne pas faire un mécontent et de ne rencontrer que des approbateurs.

C'est surtout et d'abord à votre talent d'écrivain que l'on a voulu rendre justice par cette marque d'estime singulière, et cependant vous me permettrez de ne vous en point parler. Vous avez trop d'esprit pour aimer l'éloge qui n'est pas relevé par une pointe de critique discrète, et ce ne serait pas ici le lieu de m'essayer dans cet art délicat où se distinguent de jeunes camarades que je vois ici, un surtout, que vous aurez peut-être le plaisir de recevoir un de ces jours à l'Académie française et qui excelle à faire sentir l'ongle sous le velours de la caresse (1); aussi bien l'occasion et l'endroit seraient-ils mal choisis pour tenter l'épreuve. Je ne dirai donc rien de cette réunion si rare de dons qui semblent s'exclure, d'une érudition à la fois très étendue et très précise alliée à toutes les finesses du goût et à un art d'exposition lucide et charmante qui fait que chacun de vos articles est une fête pour les lecteurs de la *Revue des Deux-Mondes*.

---

(1) M. Lemaître.

Tous ils sont pris à ce style si aisé et si naturel qui donne de l'agrément à la science sans rien lui enlever de sa solidité, qui s'élève et s'abaisse sans effort et dont l'apparente facilité ne trompe que ceux qui n'ont jamais fait, pour leur propre compte, le difficile et périlleux essai du métier d'écrivain. Il y a quelques semaines, ne vous êtes-vous pas mis en tête de faire comprendre et goûter *Prudence* à des lecteurs dont la plupart, si l'article n'eût été signé de vous, se seraient gardés de couper les pages de l'article, et n'avez-vous pas gagné votre pari ?

Il suffit d'un mot pour résumer ces louanges dont je vous épargnerai la suite : l'Académie française et l'Académie des inscriptions et belles-lettres ont également tenu à vous compter parmi leurs membres, et vous êtes aussi écouté et aussi aimé, vous avez autant d'autorité dans l'une que dans l'autre de ces compagnies. Ce n'est pas pour rendre raison de leurs choix que l'on m'a demandé de prendre ici la parole ; ils se justifient d'eux-mêmes. Ce que nous avons voulu honorer surtout en vous, c'est le professeur auquel presque tous ceux qui sont ici doivent une bonne part de ce qu'ils savent ou du talent avec lequel ils l'exposent par la parole et par la plume, c'est le président de l'Association des anciens élèves de l'École normale.

Je relisais hier, cher confrère, l'aimable et éloquent discours par lequel, en 1884, vous avez pris publiquement possession de vos fonctions nouvelles de président de notre conseil d'administration. Vous y disiez, avec une émotion que nous avons tous partagée, pourquoi vous aviez hésité à occuper une place où nous avions vu successivement Cousin et Dubois, MM. Patin et Havet, puis vous ajoutiez : « Le conseil ayant insisté, je ne me suis pas cru le droit de résister plus longtemps. Je me suis souvenu que, de tous ceux qui sont sortis de l'École, il n'y en a pas un qui lui doive plus que moi. Elève obscur de province, je n'y suis entré qu'après plusieurs échecs et sans posséder cette culture générale qu'on ne prenait alors que dans les lycées de Paris. Je n'y apportais qu'une grande passion pour l'étude et le désir ardent de combler des vides que je sentais plus que personne. C'est là que j'ai tout appris ; mon esprit s'y est formé par les leçons de mes maîtres et les conversations de mes camarades. Je dois donc à l'École tout ce que je sais, tout ce que je suis ; elle peut réclamer de moi mon temps et ma peine ; je ne lui rendrai jamais autant qu'elle m'a donné. »

Cette dette, mon cher confrère, vous l'avez largement payée, et votre conscience peut être en repos. Sans rappeler ici les modèles que vous donnez à vos jeunes camarades par vos écrits, par des livres comme l'*Histoire de la Religion romaine d'Auguste aux Antonins* et les *Promenades archéologiques,* vous avez payé, vous payez tous les jours votre dette à l'École comme professeur. Vous êtes le plus ancien de nos maîtres, pour la section des sciences aussi bien que pour celle des lettres. Il y a vingt-cinq ans révolus que vous enseignez à l'École. Après un passage d'une année dans la conférence de français, vous vous êtes établi, comme par droit de conquête, dans cette conférence de littérature latine que l'on ne saurait concevoir aujourd'hui privée de votre présence et de votre parole, tellement vous l'avez faite vôtre et marquée de votre empreinte. Vous êtes notre doyen et en même temps vous êtes le plus jeune de nos professeurs — c'est un dicton courant à l'École —, le plus jeune et le plus vaillant, moins encore par la régularité avec laquelle vous vous acquittez de votre tâche — il y a des années où vous ne manquez pas une conférence — que par la bonne humeur, la verve joyeuse, l'inépuisable entrain que vous portez dans vos leçons et dans vos corrections. Michelet dit quelque part que le secret de la femme qui réussit à se faire aimer longtemps, à se faire aimer toujours, c'est qu'elle arrive à paraître chaque jour une femme nouvelle. C'est au prix du même effort et du même art que le professeur, chargé d'enseigner toujours une même chose, peut arriver à un résultat semblable.

*

Cette matière qui ne change point, il doit la renouveler par la manière de présenter le sujet, et aussi, et surtout par les progrès qu'il fait lui-même dans la connaissance des matières qu'il est chargé d'enseigner. Ce don précieux, ce don magique du renouvellement perpétuel, vous le possédez comme personne et votre recette est simple. Chaque année, je devrais presque dire chaque jour, soit dans votre cabinet, soit dans ces bois de Viroflay où vous errez avec un livre, soit dans ces musées et parmi ces monuments de l'Italie qui vous sont si familiers, vous qui savez tant, vous apprenez encore. Vous prétendez quelquefois, en riant, ne plus savoir le grec. Je me suis pourtant dit bien souvent que vous aviez dû prendre pour devise le mot du vieux Solon :

γηράσκω ἀεὶ διδασκόμενος.

Vous vieillissez, si l'on peut employer ce mot à propos de vous, en ajoutant sans cesse quelque chose à ce riche fonds de faits, d'observations et de souvenirs que vous avez créé par des années de travail et de voyages. Parce que vous pratiquez cette maxime, vous pouvez vous rendre ce témoignage que vous n'avez jamais ennuyé vos élèves; est-il beaucoup de nous qui puissent en dire autant ?

Enfin, il y a quatre ans, vous avez mis et serré un lien de plus entre vous et l'Ecole. Malgré vos occupations académiques — et vous êtes de ceux qui, dans les compagnies auxquelles vous appartenez, sont de toutes les commissions — malgré votre double enseignement, celui de l'École et celui du Collège de France, vous avez accepté le fardeau de la présidence de notre Association. Vous qui avez obtenu de la vie tout ce qu'elle peut donner quand on ne lui demande pas trop, vous qui, à plus juste titre que celui de nos camarades à qui l'on s'était trop pressé de donner ce nom, pourriez être appelé « l'heureux Boissier », vous avez voulu prêter l'appoint de votre situation et de votre influence au comité qui s'occupe d'aider ceux de nos camarades pour qui la vie a été moins clémente et moins douce. Vous ne pouviez apporter, dans l'exercice de cette fonction, plus de zèle et de dévouement que ne l'ont fait vos prédécesseurs et particulièrement le dernier d'entre eux, M. Havet, que vous auriez, je le sais, tant aimé à voir s'asseoir auprès de vous et qui, si sa santé le lui eût permis, nous aurait sûrement donné cette joie ; mais, pour faire face à des besoins toujours croissants, vous avez pu tenter autre chose que ce qui avait été essayé jusqu'alors, et vous avez réussi. Plus familière aux oreilles du grand public, plus connue des salons, votre voix a retenti en dehors du cercle un peu étroit de la famille normalienne; vos appels ont été entendus de ceux mêmes auxquels ils ne s'adressaient pas directement, et vous nous avez ainsi procuré des concours dont nous avons été d'autant plus touchés et plus reconnaissants que nous avions moins le droit d'y compter.

Aujourd'hui même, en nous donnant l'occasion de vous inviter à dîner au cabaret et en acceptant de si bonne grâce notre invitation, vous avez encore, sans le savoir, contribué à remplir, pour un moment, hélas ! cette caisse de l'association dont le vide et les appétits vous inquiètent quelquefois. Nous vous avons un peu volés, Messieurs, il nous faut bien l'avouer maintenant ; sur le louis, comme on disait autrefois, que vous avez versé à la porte, il y a un écu pour nos camarades malheureux ; ce sont près de cinq cents francs qui seront remis demain à notre cher trésorier. L'honneur de cette ingénieuse combinaison financière revient à mon cher collaborateur, M. Dupuy, surveillant-général à l'Ecole. En ce temps de budgets démesurés et de déficits chroniques, je signale M. Dupuy aux hommes politiques, si d'aventure il en est ici, pour qu'ils viennent prendre les avis de qui s'entend si bien à frapper sur le contribuable des impôts que celui-ci paye sans les avoir consentis et sans pourtant s'indigner et se révolter.

Je ne puis, chers camarades, que résumer ce trop long discours dans un seul appel, dans un seul vœu. Buvons tous ensemble à la santé de M. Boissier, maître de conférences à l'Ecole et président de l'Association des anciens élèves ; souhaitons que, pendant bien des années encore il puisse conserver cette double qualité, et, suivant un usage que j'ai trouvé établi à l'Ecole quand j'y suis rentré comme directeur, usage que peut-être les anciens ne connaissent pas, poussons en son honneur un *chic* retentissant, un *chic* formidable !

Toast de M. Lavisse

Mon cher Maitre,

Vos anciens élèves de Charlemagne ne doivent pas être oubliés ici. C'est en leur nom que je bois à votre santé.

Pour retrouver les souvenirs de votre classe de rhétorique, il me faut remonter loin dans le passé, au-delà d'un quart de siècle, et pourtant ces souvenirs ont gardé une fraîcheur singulière.

Votre classe était gaie, ce qui est un grand mérite, car la bonne humeur est une de nos vertus professionnelles les plus utiles. Je voudrais, si ce n'était chimérique, qu'elle fût représentée dans les concours d'agrégation par une épreuve à laquelle j'attribuerais volontiers un coefficient élevé.

Il y a, malheureusement dans nos lycées, des classes sombres, exposées au nord, mon cher Maître, la vôtre avait l'exposition du midi. Le soleil y entrait à pleines fenêtres. Vous ne savez peut-être pas qu'à la pension Massin, nous vous appelions : *Gaston Phœbus*.

C'était une nouveauté pour nous que la vivacité toujours soutenue de votre parole et de votre geste. Vous rappelez-vous qu'il y avait au-dessus de votre tête une carte de France ? Elle était si bien tranquille, depuis nombre d'années. D'un geste vous l'avez décrochée un jour. Elle vous a recouvert, et je vous vois encore, après que nous vous avons dégagés, sortant d'un nuage de poussière scolaire.

Cette classe gaie était aussi une classe laborieuse. Nous ne languissions pas avec vous dans les exercices ennuyeux : l'ânonnement des leçons ne durait guère. L'explication venait tout de suite : vous saviez nous y montrer bien des choses que nous n'y avions pas vues. Vous aimiez tant nos classiques que vous nous les faisiez aimer. Je me souviens encore que vous nous avez apporté un jour une belle petite édition d'Horace, élégamment reliée. Les écoliers de ce temps-là ne connaissaient les classiques que sous le carton gris qui sentait la colle. Votre Horace, avec sa fine taille et sa jolie robe, nous semblait mieux qu'un texte à explications, une personne qu'on aime pour elle-même.

Ces explications étaient très vivantes. Elles mettaient sous nos yeux la vie antique: vous nous introduisiez dans l'autorité de Cicéron et de ses amis. Jamais vous ne nous avez laissé voir que vous fussiez un savant, mais vous nous avez donné l'idée de cette érudition, la plus utile de toutes, la plus agréable et la plus élevée, qui cherche et qui retrouve des milieux et des hommes.

Je crois entendre encore les corrections de devoirs. Quelles belles et bonnes leçons vous nous donniez! Il ne faisait pas bon de déclamer avec vous. Le sujet du premier discours français que je vous ai remis était une lettre de je ne sais plus qui à Condé pour l'adjurer de quitter le parti des Espagnols. J'avais fait intervenir la France en personne. Elle apparaissait dans la fumée des batailles et, s'adressant à Condé : « Fils de France, lui disait-elle, ne reconnais-tu pas ta mère? » J'étais ravi de ce petit morceau. J'en attendais l'effet sur vous et sur la classe, car, bien sûr, vous ne manqueriez pas de faire à ma copie l'honneur de la lecture publique. Vous lui avez fait cet honneur, en effet, mais de quel ton ! Jamais plus, depuis, je n'ai fait de prosopopée.

Mon cher maître, vos élèves de Charlemagne savent ce qu'ils vous doivent et que cela est beaucoup. Ils ont été à l'école de votre raison, et votre raison a de l'esprit : c'est pour cela que vous êtes un maître de premier ordre. Elle a aussi de la bonté, c'est pour cela que votre esprit n'a pas d'ennemi. Vous qui êtes un causeur (vous ne me démentirez pas si j'affirme que vous causez volontiers) vous ne dites jamais de mal de personne. Vous avec l'accueil cordial; c'est une joie de vous rencontrer. Aussi sommes-nous venus très nombreux à ce rendez-vous, et quand nous buvons à votre santé, nous ne disons pas une formule. Votre santé nous est précieuse, mon cher maître. Gardez-la longtemps. Je suis sûr que vous n'y manquerez point, et que vous aurez la plus difficile de toutes les sortes d'esprit : celle que pratique votre confrère, M. Chevreul.

Toast de M. Henri Chantavoine

A Monsieur Gaston Boissier.

Au nom des vieux Latins et des Lettres humaines,
C'est à vous que je bois, grand lettré, dont l'esprit,
Charmant, dans sa verdeur éternelle, fleurit,
Rajeuni tous les ans par les Muses romaines ;

Je bois encore à vous, cher maître, au nom de ceux
Qui furent écoliers avec moi... Les années
Commencent à neiger sur nos tempes fanées,
Mais la mémoire est fraiche et le cœur n'est pas vieux,

Et tous nos souvenirs font un écho sonore,
Quand l'Ecole, parmi ceux dont elle s'honore,
Vous proclame, orgueilleuse, et dit : « C'est un des miens. »

Tandis que, dans leurs Champs-Elyséens, les autres,
Les Archicubes immortels des jours anciens,
Horace et Cicéron, disent : « C'est un des nôtres ! »

Lundi 11 fév. 89.

Toast de M. Jules Lemaître

Il sied, mon cher maître, que toutes les catégories de vos amis soient représentées à cette fête. Je voudrais être l'interprète des Normaliens d'à côté, et aussi (pour élargir le mandat que je me suis confié moi-même) de toutes les personnes frivoles qui ne lisent que pour s'amuser.

Car vous êtes très populaire, même en dehors de l'Université. Ce n'est pas que vous ayez fait grand'chose pour cela; vous n'avez jamais cherché dans vos ouvrages que la vérité, ni désiré d'autre récompense que les suffrages de ceux qui se sont voués aux mêmes travaux que vous. Mais vous avez un don incomparable, le don de la vie, le don de sentir et de faire sentir. A l'Ecole, rien n'était plus vivant que votre enseignement. L'antiquité latine ressuscitait par la vertu de votre parole si claire et si alerte. Vous avez écrit des livres d'érudition aussi animés que d'excellents romans. Votre *Histoire de la religion romaine* est une « étude sociale » aussi intéressante peut-être que les *Rougon-Macquart* et beaucoup plus sérieusement « documentée ». Et dans votre livre sur Cicéron et ses amis, je me souviens d'un Cœlius qui est déjà un personnage de Bourget.

Excusez, mon cher maître, la futilité de ces impressions. Je bois à Gaston Boissier, au nom des profanes et de ceux qui ne sont pas savants.

Toast de M. Salomon Reinach.

Festa juvat latiis deposcere carmina Musis,
Neglectumque diu sollicitare melos,
Non quia dedeceat patrio laudare magistrum
Carmine, qui patriæ tot relegenda dedit,
Sed quom æterna quies magni premat ora Maronis,
Et Naso in gelida dormiat exsul humo,
Dicere nec possint quantum sibi lumine cassis
Profuerit docti sedula cura viri,
Debita qui latiæ persolvam justa Camœnæ,
Ni latium gallus mutuer eloquium ?
Ergo mihi, vates, vos adspirate canenti :
Vestra loquor, vestro fungor et officio,
Ut verba inveniam sensus testantia gratos,
Non indigna viro cui tua, Flacce, placent.
Quantum Vergilius Gastoni debuit ! olim
Materiem fatuis præbuit ille jocis.
En pius Æneas sævo confertur Achilli :
O qualis facies ! femina mollis erat.
Bella gerit lacrymans nec amari frigidus audet,
Indigetes tantum pronus adire deos.

Dicis, et extemplo discussis nubibus error
Pellitur, et raucæ vox silet invidiæ.
Apparet divom custos divomque minister
Effigies magni relligiosa ducis ;
Cogitur ad bellum, sed damnat bella sacerdos,
Et pacem cupiens arma cruenta gerit.
Augurat imperium gladiis quod tutior ipsis
Pace sub Augusta muniet orbis amor.
Miratur vates interprete lætus amico,
Participemque sui diligit ingenii.
Sunt et Cæsaribus qui displicuere poetæ :
Qui taceam nomen, Naso canore, tuum ?
Perdiderint quom te duo crimina, carmen et error,
Errorem ignoro, carmina nosse juvat.
Si vetulus princeps juvenilem sævit in Artem,
Cæsaris est facinus : laus tua labe caret.
Te saltem patriis extorrem Cæsar ab oris
Littus ad Euxinum vivere passus erat.
O nos felices, si non graviora tulisset
Libertatis amor cui nova Musa fuit !
Ille, deo plenus, ferventi a carminis æstu,
Quom Cato sufficeret, jussit abesse deos ;
Ille docet cusos ne quisquam serviat enses,
Ille tyrannorum detegit insidias.
An te non memorem, Juvenalis, verbere sævum,
Prudentique fidem quæ cecinere fides ?
Tullius hos sequitur, tuus hic quoque, cujus amicos
Quom caneres, illis annumerandus eras ;
Vir bonus, ore potens, et quem Catilina timebat :
O Cicero, vigila ! Sergius alter adest !

Post vatum incedit, numerosior ipsa, cohortem
Nota manus juvenum qui tua verba bibunt,
Concordes animis, læti spectare magistrum
Quo duce Normali gloria parta choro.
Plura quid adjungam? Jam rivos claudere tempus ;
Nec tibi nec nobis garrula Musa placet.
Restat ut unanimi clamemus voce, sodales :
« Gasto tulit lauros! Gasto magister, ave ! »

Toast de M. Gaston Deschamps.

Messieurs,

Puisque la communauté de ce cordial hommage réunit, dans un même sentiment d'affectueux respect, les anciens et les nouveaux, les illustres et les autres, permettez à l'un des derniers venus de la famille normalienne d'ajouter quelques paroles aux discours éloquents que vous venez d'entendre. Aussi bien, c'est un des privilèges de M. Boissier que de pouvoir grouper autour de lui les générations les plus diverses, sans cesser d'être, pour chacune d'elles, un contemporain. Je fais appel à tous ceux qui ont suivi nos conférences de deuxième et de troisième année : à voir le maître et les élèves, on pouvait se demander si c'était bien du côté des plus jeunes que se trouvaient la nouveauté, la verdeur et la jeunesse de l'esprit. Nous aimions cette érudition solide, sûre et charmante, et par dessus tout, ce don incomparable que l'on rappelait tout-à-l'heure, ce don de la vie, qui ressuscitait, dans leur aspect familier et leurs attitudes coutumières, les hommes et les choses de l'antiquité. Dans notre vie nécessairement un peu monotone, dans la préparation parfois pénible des examens, ces fortes et vivantes leçons, cet enseignement qui ne se croyait pas tenu d'être de mauvaise humeur pour paraître plus efficace, étaient pour nous un réconfort, presque un répit. Mais je me reprocherais de rappeler seulement le plaisir intellectuel que nous trouvions à ces entretiens ; en notre temps de découragement facile, cette ardeur au travail, cette allégresse active, ce labeur, qui semblait aisé parce qu'il n'avait jamais de défaillance, étaient pour nous un salutaire et viril exemple. Au nom des sections récentes de l'École, j'exprime un vœu qui, j'en ai le ferme espoir, sera réalisé : c'est de retrouver plus tard encore, dans une occasion pareille, notre cher maître aussi jeune et aussi vaillant qu'aujourd'hui.

Toast de M. Th. Colardeau

Permettez, cher Maître, à vos élèves actuels de se joindre à vos anciens camarades et à vos anciens élèves. Nous n'avons qu'un mot à dire, car la brièveté est pour nous un devoir : forcés de vous ennuyer en latin à intervalles réguliers, nous ne voudrions pas risquer d'en faire autant en français et vous accabler de discours dans l'une et l'autre langue. Nous sommes ici pour représenter modestement l'avenir, c'est-à-dire quelque chose qui n'existe pas encore et nous n'avons le droit d'avoir que des espérances, c'est-à-dire quelque chose qui n'existera peut-être jamais : mais grâce à vous, il est quelque chose que nous possédons autrement qu'en espérance, c'est la tradition de votre enseignement dont l'influence bienfaisante nous accompagnera partout où nous irons. C'est un titre dont nous sentons le prix que l'honneur d'avoir été formés par vous et de faire partie de ce petit nombre, ou plutôt de ce grand nombre de privilégiés qui seront comme la génération de vos descendants : ceux d'entre nous qui n'auront pas d'autres titres pourront se contenter largement et s'honorer à bon droit de celui-là, et ceux qui, par hasard, pourraient réussir à en obtenir quelque autre, c'est peut-être à celui-là qu'ils en seront redevables.

Laissez-moi, cher Maître, vous adresser un souhait en terminant : je vous souhaite de voir passer après moi par vos mains, autant de générations qu'il en est passé avant moi, ou plutôt ce n'est pas à vous que je le souhaite, c'est à ces générations futures.

Imprimerie
Cerf et Fils
Versailles

www.ingramcontent.com/pod-product-compliance
Ingram Content Group UK Ltd.
Pitfield, Milton Keynes, MK11 3LW, UK
UKHW020513180726
13839UKWH00005B/2049

9 782329 518879